올리비아의
공황장애 탈출기

Ça n'a pas l'air d'aller du tout...

올리비아의 공황장애 탈출기

올리비아 아지몽·크리스토프 앙드레 지음

유진원 옮김

공황장애, 어떻게 대처할 것인가?

공황장애란 무엇인가

누구나 살아가면서 불안을 느낄 때가 있습니다.

사람들은 불안을 부정적으로 생각하지만, 불안 자체가 나쁜 것은 아닙니다. 불안은 인간이 위험을 감지할 때 느끼는 자연스러운 감정이며 인간에게 꼭 필요한 심리 작용입니다. 인간만이 아니라, 생존본능이 있는 동물이라면 당연히 느끼고, 느껴야 하는 감정이 바로 불안입니다. 우리가 불안을 느낀다는 것은 현실에서 부딪히는 문제에 대처하며 산다는 것을 의미합니다.

불안의 가장 큰 원인이 되는 스트레스 역시 살아가는 데 꼭 필요합니다. 스트레스는 경보등처럼 인체의 교감신경을 작동하게 합니다. 교감신경이 작동하면 눈동자가 커지고, 위험 상황에서 상대와 맞서 싸우거나 민첩하게 도망가는 데 필요한 전신 근육이 긴장하게 됩니다. 또한, 근육에 더 많은 산소와 혈액을 공급하기 위해 호흡이 가빠지고, 심장이 빠르고 강하게 뜁니다. 사람들은 이런 작용 덕분에 정신을 바짝 차려 여러 가지 문제를 효율적으로 해결할 수 있게 됩니다.

이처럼 어려운 상황에 놓였을 때 불안을 느끼는 것은 자연스러운 현상입니다. 그런데 이상한 상황이 벌어질 때도 있습니다. 즉, 편안하고 익숙한 상황에서 마치 위험에 처한 것처럼 갑자기 불안을 느끼고, 심혈관계, 신경계, 호흡기계 및 소화기계 등 신체에 이상 증상이 나타날 때가 있습니다. 바로 이런 증세를 '공황장애'라고 부릅니다.

공황장애를 앓는 사람은 자신을 위협하는 요소가 전혀 없고, 따라서 두려움을 느낄 이유가 없다는 사실은 잘 알면서도 마치 불이 났을 때 울리는 경보기처럼 교감신경이 작동되어 신체가 응급 상황을 맞았을 때와 똑같은 반응을 보이고, 당장 죽을 것 같은 극심한 공포를 느끼게 됩니다. 죽음에 대한 공포는 그 무엇보다도 강하죠. 다시는 그런 경험을 하고 싶지 않을 것입니다. 이런 불안을 한 번 겪는 것도 힘들 텐데 여러 번 반복되면 그 고통은 이루 말할 수 없을 것입니다. 게다가 이런 증상은 정상적으로 일상생활을 영위할 수 없을 정도로 심각한 지장을 주고, 결국 장애[1]가 되는 것입니다.

늘어나는 공황장애 환자들

최근 언론 매체를 통해 연예인이나 유명인사들이 공황장애를 앓고 있거나, 앓았던 적이 있다는 이야기를 자주 듣게 됩니다. 이를 계기로 많은 사람이 '공황장애'라는 병의 존재를 알게 되었고, 또 공황장애에 대한 인식도 달라지고 있는 것 같습니다. 요즘에는 우스갯소리로 '멘붕'이라는 말이 부쩍 유행하기도 합니다.

국민건강보험공단에 따르면 2006년 공황장애 환자는 3만 5,195명에서 2011년 5만 8,551명으로 부쩍 늘어나 지난 5년 사이에 연평균 10.7퍼센트의 증가율을 보이고 있습니다. 병원을 찾아 치료를 받은 환자의 수가 이 정도라면, 실제 공황장애를 앓고 있는 사람은 훨씬 더 많을 것으로 추정됩니다.

하지만 공황장애는 다른 질병과 비교하면 여전히 잘 알려지지 않았고, 또 잘못된 인식 때문에 공황장애를 앓고 있으면서도 스스로 이를 인정하지 않으려는 경향이 있어서 이 질병의 심각성이 과소평가되고 있는 것도 사실입니다.

그러나 실제로 공황장애는 누구에게나 찾아올 수 있습니다.

공황장애의 평생유병률[2]이 2~4퍼센트라고 하니 100명 중 2~4명은 일생에 한 번쯤 공황장애를 앓게 된다는 이야기가 됩니다. 언뜻 적은 수처럼 보이지만, 25~50명이 있는 교실에서 한 명은 반드시 공황장애에 걸린다고 가정하면 상당히 높은 수치라고 볼 수 있습니다. 우리가 알고 있는 질병 중에서 평생유병률이 1퍼센트가 넘는 질병은 매우 드뭅니다.

---

1) 그러나 공황장애를 앓는 사람은 국가에서 인정한 장애인으로 등록되지 않습니다. 정신과 진단에서 장애 판정을 받는 질병은 정신분열병, 조울병, 반복성 우울 장애, 세 가지뿐이며 이러한 진단을 받더라도 일 년 이상의 지속적인 치료를 받아야 하고 호전의 기미가 없거나 증상의 정도가 심해서 음식물을 혼자 섭취할 수 없는 등의 생활 장애와 독립적인 대인관계에 어려움을 겪어야 장애 등급을 받게 됩니다.

2) 유병률(prevalence rate)은 어떤 지역에서 어떤 시점에 조사한 환자 수를 그 지역 인구수로 나눈 비율을 뜻합니다. 보통 '1,000명당 얼마'라는 식으로 표기하지요. 여기에 쓰인 평생유병률(lifetime prevalence rate)은 태어나서 죽을 때까지 어떤 질환에 걸릴 확률을 말합니다. 정신과학에서는 질병의 발생률을 말할 때 흔히 이 '평생유병률'을 기준으로 삼습니다.

공황장애는 다른 불안장애와 마찬가지로 20~30대 연령층에서 가장 자주 나타나고, 특히 남성보다 여성에게서 2~3배 더 많이 발생합니다. 또 공황장애를 앓는 사람의 90퍼센트가 다른 정신적 질환을 앓고 있는 것으로 알려졌습니다. 즉, 우울증(10~15%), 사회공포증(15~30%), 범불안장애(20~30%)를 동반하며 이 밖에도 신체형장애,[3] 인격장애, 물질 관련 장애 등의 문제가 발생하기도 합니다. 이렇게 복합적인 증세를 보이면 대부분 치료가 더 어렵고 더 오래 걸립니다. 따라서 공황증세를 자각하면 초기에 의사의 진단을 받고, 진단을 통해 판명된 질환을 함께 치료하는 것이 매우 중요합니다.

저를 찾아오는 공황장애 환자들도 점점 늘어나고 있습니다. 어떤 분은 어느 날 갑자기 심장이 두근거리고, 머리가 어지럽고, 가슴이 답답하더니 그런 증상이 반복되기 시작했답니다. 처음에는 그저 조금 피곤한 탓이려니 하고 참으며 지냈다고 합니다. 하지만 시간이 지나도 증상이 가라앉지 않자, 병원에 갔는데 일시적인 혈압 상승과 빈맥,[4] 과호흡이 있다는 말 이외에는 특별히 다른 진단을 받지 못했답니다. 병원에서 혈압약을 처방받아 복용했으나 증상은 가라앉지 않고 오히려 점점 더 심해지고 발작 횟수도 잦아졌습니다. 그렇게 몇 달을 보내고서야 공황장애 진단을 받았습니다. 환자도 의사도 공황장애에 대한 인식이 별로 없었기에 진단을 받고 치료하기까지 꽤 오랜 시간을 허비한 것입니다.

대부분 환자가 가슴이 두근거리고 답답하다, 목이 조이는 것 같고 숨을 쉬기가 어렵다, 얼굴이나 몸 전체가 화끈거리고 입이 마른다, 식은땀이 나고 소화가 안 된다는 등의 증상을 호소합니다. 이런 증상들은 신체적으로 나타나기 때문에 환자가 몸에 심각한 문제가 있다고 여기는 것은 당연합니다. 그래서 병원과 진료과를 여러 군데 돌아다니며 온갖 검사를 받고, 똑같은 검사를 여러 차례 반복해서 받기도 합니다. 하지만 의사들은 입을 모아 "특별한 문제는 없습니다."라고 말할 것입니다. 위에 나열한 증상들을 모두 포괄하는 신체적 질병은 따로 없습니다. 숨이 막히니 일단 호흡기 검사를 할 수 있겠지만, 그것으로 가슴이 두근거리

---

3) "신체형장애란 내적 불만이나 갈등이 적절히 해소되지 않으면 누적된 정신적 갈등이 신경증적 방어기제를 통하여 신체적 증상으로 나타나는 것이다. 환자는 다양한 신체 증상이나 징후를 보이나 이에 합당한 병리적 소견이 없고 병태생리도 뚜렷하지 않으며, 이들 신체증상의 형성에 심리적인 요소가 우세하게 작용한다."(『신경정신의학』 개정 2판, 대한신경정신의학회 저, 중앙문화사)

4) 빈맥(tachycardia): 일반적으로 심장 박동수의 정상 범위는 분당 50~100회인데, 부정맥으로 인해 심장 박동수가 분당 100회 이상으로 빨라지는 경우를 빈맥이라고 합니다.

고, 식은땀이 나고, 소화가 안 되는 증상을 설명할 수는 없겠지요.

그런데 공황장애는 자율신경계 못지않게 교감신경계가 과도하게 흥분하면서 위의 모든 증상이 한꺼번에 나타날 수 있으므로 그 이유를 한 번에 설명할 수 있습니다. 그럴 때 의사는 정신건강의학과 진료를 권유할 것입니다. 그러나 이를 이해하고 담담하게 받아들이는 사람은 많지 않습니다. 소위 '정신병'에 대한 선입견이 작용하기 때문이지요. 심지어 '나는 미친 사람이 아닌데, 왜 정신과에 가라는 거냐!'라며 화를 내는 사람도 있습니다. 정신건강의학과에서 하는 공황장애 치료, 특히 약물치료는 단순히 마음을 안정시키는 것이 아니라 비정상적인 자율신경계의 균형을 되찾아 '고장 난 경보등을 고치는' 역할을 하므로 다른 어떤 치료 방법보다도 과학적이고 근본적이라고 말할 수 있습니다.

혹시 자신이 공황장애를 앓고 있는 것은 아닌지, 궁금하시다면 DSM-IV (*Diagnostic and Statistical Manual of Mental Disorders*: 미국 정신의학협회에서 출간하는 정신장애의 진단 및 통계 편람)의 공황장애 진단 기준을 참고해도 좋습니다. 이 책의 끝에 열거한 증상 중에서 최소한 네 가지 이상이 동시에 나타난다면 공황장애를 의심해 봐야 합니다. 그러나 자가진단에는 늘 위험이 따르므로 반드시 의사를 찾아가 전문적인 진단을 받아야 합니다.

공황장애의 원인들

로버트 드 니로가 주연한 「애널라이즈 디스(Analyze This)」라는 영화에서 마피아 보스는 눈앞에서 동료가 총에 맞아 죽는 장면을 목격하자, 어린 시절에 보았던 사고를 떠올리고 그때부터 공황발작을 일으킵니다. 응급실에 가서 검사를 받지만, 신체적으로 아무 이상이 없으니 정신건강의학과 진료를 받아 보라는 권고를 듣습니다. 의사의 이야기를 듣고 폭력조직의 두목으로서 자존심이 상한 마피아 보스는 화를 벌컥 내고 그 의사를 두들겨 팹니다. 하지만 너무도 나약하고 위축된 자신의 상태를 견디지 못하고 결국 그는 정신건강의학과 의사를 찾아가고 그에게 의지하면서 조금씩 자신감을 회복하게 됩니다. 어찌 보면 이것이 공황장애의 발병에서부터 치유에 이르는 대표적인 과정이라고 할 수 있겠습니다.

제 환자 중에 28세 여성이 있었습니다. 이분은 직장에 다니고 있었는데 과도한 업무와 직원들과의 마찰로 연일 스트레스를 받았다고 합니다. 그러다가 어느 날 갑자기 주체할 수 없이 가슴이 두근거리고 목이 조이며 숨이 막히는 기분이 들면서 기절하여 쓰러졌습니다. 그렇게 응급실에 실려 와 기본적인 검사와 처치를 받고 내과에 입원했습니다. 그 후 심전도 검사, 심장 초음파 검사, 운동부하 검사, 폐 기능 검사, 흉부 방사선 검사, 이비인후과 검사 등 온갖 검사를 했으나 아무 이상이 없었습니다. 분명히 몸은 아픈데 병원에서는 아무 이상 없다고 하고, 원인을 찾지 못해 답답하고 걱정이 많았다고 합니다. 그러다가 얼마 후에 다시 입원 전과 똑같은 증상이 나타났습니다. 그때부터 이분은 극심한 공포에 시달리게 되었고, 결국 정신건강의학과로 의뢰되어 저와 만나게 되었습니다.

첫 만남에서 이 여성은 극도로 불안정한 모습을 보이며 살려 달라고 애원했습니다. 그러나 한편으로는 의사를 믿지 못하고 있다는 것을 알 수 있었습니다. 저는 환자의 증상을 듣고 공황장애의 가능성이 있다는 진단을 내렸고, 이 여성은 고개를 끄덕였으나 계속 반신반의하는 표정이었습니다. 당연합니다. 신체적으로 이상이 있어 병원에 왔는데 그 원인이 정신적인 문제라고 한다면, 그 말을 믿지 못하는 사람이 많겠죠.

결국, 이 여성은 정신건강의학과에서 본격적으로 치료를 시작했습니다. 처음에는 입 마름, 화끈거림, 두근거림 등의 증상이 빨리 가라앉지 않는다며 불안해했지만, 며칠이 지나자 증상이 조금씩 가라앉는 것을 확인하면서 마음을 놓았고, 호흡법을 배워 스스로 반복하면서 점차 이 질환을 이해하고 치료에 믿음을 품기 시작했습니다. 결국, 이분은 얼마 후 밝은 모습으로 퇴원하여 지금은 새로운 직장에서 잘 지내고 있습니다.

이 여성은 지나친 스트레스 때문에 공황장애가 발생한 경우입니다. 하지만 단지 스트레스를 받는다고 해서 공황장애가 생기는 것은 아닙니다. 스트레스를 받아도 별문제 없이 지나가기도 하고, 우울증이나 불면증 등 정신적인 문제가 생기기도 하지요. 물론 고혈압 등 신체적인 문제가 생기기도 합니다.

그렇다면 공황장애는 왜 생기는 것일까요? 이것은 저를 찾아오는 환자들이 가장 많이 던지는 질문이 아닐까 싶습니다. 한마디로 말씀드릴 수는 없지만, 사소한 것에도 불안해하고 걱정하고 늘 조바심하는 성격을 가진 사람이나 유전적으로 취약한 사람이 정신적으로 혹은 육체적으로 스트레스를 받다가 어느 순간 방어력의 한계에 도달하면 풍선이 뻥! 하고 터지는 것과 같다고 생각하면 이해하기 쉬울 것 같습니다.

또 다른 환자인 42세 남성은 어느 날 차를 타고 가던 중 갑자기 식은땀이 흐르고, 가슴이 답답해지더니 숨이 막히고 견딜 수 없이 극심한 불안감이 들었다고 합니다. 가까스로 집에 왔으나 그날 이후 차가 막히거나 터널 안에 들어가면 같은 증상이 반복되었습니다. 이 남성은 결국 차를 타기가 너무도 무서워서 멀리 다닐 수 없게 되었고 그 때문에 일상생활에 큰 지장을 받게 되었습니다.

이 남성은 어릴 때 가족과 함께 유원지에 놀러 갔다가 부모를 잃어버린 적이 있었는데 그때 너무 놀라고 두려웠던 탓에 지금도 그 일이 기억에서 사라지지 않는다고 했습니다. 다행히 반나절 만에 부모를 찾았지만, 한동안 어머니 곁에서 잠시도 떨어질 수 없었다고 합니다. 이 남성은 치료를 받으면서 공황증상은 거의 나타나지 않게 되었으나 아직도 차를 타고 먼 곳까지 가지는 못하고, 또 그런 일이 생기지 않을까 걱정하며 살고 있습니다.

이 남성에게는 광장공포증이 있는 것으로 보입니다. 광장공포증(agoraphobia)[5]의 agora는 '광장'이라는 뜻의 그리스어로 사람들이 많이 모이는 공공장소를 뜻합니다. 광장공포증이 있으면 사람들이 많이 있는 넓은 장소에서도 불안감을 느끼며 터널이나 지하실, 엘리베이터와 같은 닫힌 공간은 물론이고 버스, 지하철, 비행기 등 빨리 빠져나갈 수 없는 교통수단 안에 있는 것을 두려워합니다. 이런 사람 중에서는 어린 시절에 홀로 남겨져 극심한 공포심을 느꼈던 기억이 성인이 되었을 때 되살아나 증세가 시작되는 경우도 있습니다. 광장공포증만 있어도 일상생활에 불편을 겪으며 이 증세가 있는 사람 중 절반 이상이 공황발작을 경험하고 병원을 찾는 경우가 흔합니다.

이 남성은 어릴 때 부모를 잃어버린 경험이나 무의식적인 갈등이 작용해 공황장애가 나타난 경우입니다. 그렇다고 해서 공황장애를 앓는 모든 환자가 이분처럼 어린 시절의 정신적 외상[6]이 있는 것은 아니며, 설령 있다고 해도 기억하지 못할 수도 있습니다. 어쨌든 이런 종류의 강렬한 기억이 있다면 자신의 증상을 조금 더 정확하게 이해할 수 있고, 그러한 정보가 치료에도 도움을 주기도 합니다.

5) 광장공포증은 넓은 개념으로 폐소공포증(claustrophobia)도 광장공포증의 한 종류라고 할 수 있습니다.

6) '트라우마(trauma)'라고 부르는 정신적 외상은 꼭 어린 시절에만 겪는 것은 아닙니다. 외부에서 너무 강력한 자극을 받으면 정신 체계가 무너지거나 고장을 일으키는 현상인 트라우마는 언제든 생길 수 있습니다.

공황장애에 대처하기

공황장애, 특히 광장공포증을 앓는 환자들은 갑자기 발작하지 않을까 두려워하여 외부 활동을 꺼리게 됩니다. 이런 불안을 '예기불안'[7]이라고 합니다. 공황장애를 치료할 때 처음에 발생한 공황발작을 진정시키고 재발하지 않도록 예방하는 것도 중요하지만, 예기불안을 줄이고 해소하는 것도 그에 못지않게 어렵고 중요한 문제입니다. 증상이 없어도 이런 예기불안 때문에 정상적으로 일상생활을 하지 못하는 경우가 흔하고, 치료 기간이 길어지기도 하며, 이것이 재발 요소가 되기도 합니다. 따라서 예기불안을 극복하는 것이 치료 성과의 관건이라고 해도 지나친 말이 아닙니다.

인지행동치료, 이완훈련, 호흡법 등이 예기불안을 줄여주고 증상 발생의 빈도를 낮추어 환자에게 다시 자신감을 갖게 하는 데 도움을 줍니다. 공황장애를 겪었던 사람은 치료 후에도 다시 공황발작이나 그와 비슷한 불안증상을 겪을 수 있습니다. 그런 불안감 때문에 평생 약을 먹을 수도 없고, 또 약을 먹는다고 해도 재발을 100퍼센트 예방할 수 없습니다.

물론 이제 다시는 증세가 나타나지 않을 터이니 걱정하지 말라고 선의의 거짓말로 안심시킬 수도 있습니다. 실제로 많은 환자가 의사에게서 그런 말을 듣고 싶어 한다는 것도 잘 압니다. 하지만 장기적인 안목에서 볼 때 아무 준비도 하지 않은 채 안심하고 지내는 것보다는 조금 걱정은 되더라도 경각심을 잃지 말고 준비된 상태로 지내는 편이 훨씬 낫습니다.

공황장애 치료에 자주 적용하는 인지행동치료는 인지치료와 행동치료로 나뉩니다.

인지치료의 목적은 잘못된 자동 사고 즉, '가슴이 두근거리는 것을 보니 심각한 병에 걸린 것 같아.' '숨이 막히니 나는 숨을 못 쉬고 죽게 될 거야.'라는 식의 극단적인 비약을 하지 않도록 도와주는 데 있습니다. 그리고 행동치료의 목적은 인지치료로 환자의 생각을 바꾸게 한 다음, 환자가 두려워하는 장소나 상황에 자신을 조금씩 노출하도록, 다시 말해 환자가 바뀐 생각을 행동으로 옮겨 상황에 직접 부딪혀 보게 하는 데 있습니다.

제가 치료하는 환자 중에서 지하철 타기를 두려워하는 분이 있었습니다. 진료를 받으러 병원에 올 때도 한 번에 오는 지하철을 편하게 타지 못하고 버스를 두 번 갈아타거나 택시를

---

7) 예기불안(expectation anxiety): 앞으로 두려운 상황이 닥치리라는 것을 예감할 때 생기는 불안. 전에 비슷한 상황에서 불안을 느꼈거나 실패를 경험한 적이 있을 때 생기는 불안으로, 예를 들어 많은 사람 앞에서 발표를 하다가 큰 실수를 저지르면 그때부터 사람이 많은 곳에서 불안을 느끼고 말을 제대로 못 하는 경우가 그렇습니다.

타고 왔습니다. 저는 그분과 대화하면서 불안감과 걱정이 줄어들고 도전하고 싶은 마음이 생겼을 때 일단 지하철을 한 정거장만 타보라고 권했습니다. 처음에는 여러 차례 망설이다가 포기하고 나중에 시도하기로 미루었으나 한 달 뒤에 용기를 내어 결국 지하철을 타고 한 정거장을 가는 데 성공했습니다. 이후로 그분은 점차 정거장 수를 늘려 갔고, 지금은 직장에서 일곱 정거장 거리에 있는 병원까지 지하철을 타고 옵니다.

또 다른 남성 환자는 처음 저를 만났을 때 비행기 타기를 두려워해서 외국 출장은 엄두도 내지 못하고 있었습니다. 그러나 외국 출장을 더는 다른 사람에게 미룰 수 없는 처지가 되어 상황이 몹시 난처해졌다고 합니다. 그러다가 결국 그분은 용기를 내어 국내선 비행기를 타는 데 성공했고, 점차 거리를 늘려 가서 인제는 일본처럼 두 시간 정도 거리에 있는 곳은 비행기를 타고 갈 수 있게 되었다고 합니다.

인지행동치료 외에 공황장애를 앓는 사람이 스스로 적용할 수 있는 치료법은 또 있습니다. 흥분된 교감신경을 가라앉히기 위해서 한 손을 가슴에, 다른 한 손을 배에 대고 호흡하는 복식호흡법이나 근육에 힘을 줬다 뺐다 하기를 반복해서 신체의 이완을 유도하는 근육 이완 훈련도 도움이 됩니다. 저는 처음부터 이 방법을 권하지는 않지만, 환자가 어느 정도 안정기에 접어들면 꼭 해보라고 권유합니다. 복식호흡이나 이완훈련은 마음을 안정시키는 심리적 효과뿐 아니라 부교감신경을 활성화하여 과도하게 흥분된 교감신경을 진정시키고 자율신경계에 균형을 찾아 주는 직접적인 치유 역할을 합니다. 부지런히 훈련해서 몸에 익으면 나중에 공황증상이 생겨도 남의 도움 없이 스스로 상태를 조절할 수 있는 '조절감'이 생기고 이것이 장기적으로 볼 때 재발의 두려움 없이 마음 편히 살 수 있는 좋은 길이라고 할 수 있습니다.

그리고 약물치료 역시 중요합니다. 상대적으로 증상이 심한 공황장애 초기에는 약물치료만큼 즉각적이고 효과적인 방법이 없는 것 같습니다. 공황장애는 스스로 노력하거나 남들이 도와준다고 해서 쉽게 치유할 수 있는 성격의 문제가 아니기 때문입니다. 이때 약물치료의 존재 자체를 몰라서 받지 않거나, 약물은 나쁘다는 편견 때문에 거부하는 사람도 있는데 그럴 때 증상도 심해지고, 발작의 빈도도 잦아져서 환자가 받는 고통이 매우 심합니다. 그리고 그 고통의 경험이 머릿속에 강하게 각인되어 치료에 별로 효과가 없고, 치료 자체가 더디게

진행되기도 합니다.

약물치료는 증세가 호전되어도 점차 용량을 줄여 가면서라도 계속하는 것이 좋습니다. 처음 공황발작을 일으키고 나면 한동안 다시 나타날 가능성이 아주 크기에 그런 위험을 예방하려는 것이지요. 환자들은 발병 초기에 치료에 도움이 된다면 무엇이든 할 것 같지만, 막상 상태가 조금 좋아지면 슬슬 생각이 달라지곤 합니다. 어찌 보면 당연한 일입니다. 세상에 약 먹기를 좋아하는 사람이 어디 있겠습니까? 그래서 조바심하며 약 복용을 중단해도 되는지 자주 묻는 환자도 많고, 스스로 투약을 중단하고 아예 병원에 발길을 끊는 사람도 꽤 많습니다. 저도 약물치료를 힘겨워하는 환자를 보면 안타깝지만, 그래도 참고 기다리는 자세가 필요합니다. 의사의 허락 없이 약을 끊었다가 증상이 재발하여 응급실에 실려 오는 환자가 꽤 많습니다. 게다가 약물치료를 중단했다가 다시 시작하면 처음만큼 치료 효과가 좋지 않을 뿐더러 처음보다 더 많은 양의 약을 복용해야 하는 경우도 있습니다. 따라서 약물치료는 꾸준히 인내심을 가지고 필요한 기간만큼 받아야 하고, 의사의 지시를 따르는 것이 무엇보다 중요합니다.

공황장애가 있다면 조심해야 할 것들

공황장애와 관련해서 몇 가지 조심해야 할 것들이 있습니다. 그중에서도 특히 우리나라 사람들이 조심해야 할 것은 '술'입니다. 제가 치료하는 환자 중에서 평소에는 잘 지내다가 술만 마시면 공황발작이 오는 사람들이 있습니다. 이런 사람들에게 제시하는 해결책은 하나뿐입니다. 술을 마시지 않는 겁니다. 하지만 사회생활을 하다 보면 어쩔 수 없이 술을 마셔야 할 때도 있고, 또 술을 워낙 즐기는 분도 계십니다. 그리고 공황장애 같은 불안장애가 있을 때 불안을 잠시 잊기 위해 습관적으로 술을 마시는 사람도 있습니다. 그러나 술은 공황장애와 상극입니다. 술을 마실 때에는 잠시 긴장이 풀리면서 상태가 좋아지는 듯하겠지만, 술기운이 사라지면 불안증상이 더 심해질 수 있습니다. 더욱이 과도한 음주는 몸의 상태를 취약하게 합니다. 그러니 아무리 술이 좋더라도 공황장애가 있다면 멀리해야 합니다. 술을 멀리하면 공황장애도 멀리할 수 있습니다. 술뿐이 아닙니다. 중독성이 있는 모든 식품과 기호품은 공황장애에 부정적인 영향을 미칩니다. 특히, 담배나 커피처럼 중단했을 때 금단증상이 나타나는 것들은 반드시 피하는 것이 현명한 태도입니다.

아울러 정신적 스트레스와 함께 육체적 스트레스를 피하고, 피로를 푸는 것도 중요합니다. 공황발작 사례를 보면 대부분 무리해서 일했거나 피로가 쌓였을 때, 예를 들어 철야작업을 했거나, 며칠 동안 쉬지 않고 계속 일했을 때 증세가 나타난 경우가 많았습니다. 다른 병과 마찬가지로 공황장애를 앓을 때에는 밤에 충분히 수면을 취하고 아침에 일찍 일어나는 등 규칙적으로 일주기 리듬을 유지하는 것이 매우 중요합니다.

전화위복의 기회

이 책의 저자이자 이야기의 주인공인 올리비아 아지옹 씨의 체험은 제가 지금까지 설명한 공황장애의 증세, 발병, 치료 등 여러 과정을 그대로 보여 주는 전형적인 사례라고 할 수 있습니다. 한 가지 흥미로운 점은 공황장애가 비단 우리나라만의 문제가 아니라, 프랑스에서도 점점 심각해지는 일종의 사회 병리적 현상이라는 사실입니다. 공황장애를 앓고 있는 환자의 증가율은 가파른 상승세를 보이고 있고, 이것은 전 세계적인 추세인 듯합니다.

그동안 인류는 놀라운 과학기술의 발전, 거대한 세계경제 체제의 수혜자였지만, 이제 과도한 욕망과 경쟁이 낳은 폐해를 인간도 환경도 고스란히 겪게 된 것은 아닌가 하는 생각도 듭니다.

그런 점에서 공황장애는 이제껏 우리가 옳다고 믿으며 살아온 사고의 틀과 생활방식을 성찰적으로 돌아보는 계기가 될 수 있을 것 같습니다. '엎어진 김에 쉬어 간다.'라는 말이 있듯이 공황장애가 찾아왔다면 당황하지 말고 그동안 앞만 보며 달리던 삶을 다시 한 번 들여다보고, 지금과는 다른 시각으로 자신을 바라보는 전화위복의 계기로 삼을 수도 있지 않을까요? 공황장애는 잘 치료하고 관리하면 분명히 호전될 수 있다는 믿음을 가지고, 긍정적인 마음가짐을 유지하려는 자세가 무엇보다 중요합니다. 지금 이 순간, 공황장애로 고통 받는 분이 계신다면, 그동안 이런저런 이유로 방치했던 자신을 정성껏 돌보고, 더욱 건강한 정신과 육체로 새롭게 태어나는 계기로 삼으시기를 진정으로 바랍니다.

윤호경

정신건강의학과 전문의. 고려대학교 의료원 교수. 공황장애를 비롯한 불안장애 및 수면장애 분야에 특별한 관심을 기울이고 있다.

올리비아의
공황장애 탈출기

오해하지 마세요. 전 의사가 아니랍니다.
저는 광장공포증으로 시작된 공황장애로
1년 가까이 엄청나게 고생했답니다.
설마 제가 그 끔찍한 병에 걸릴 줄은 몰랐죠.
이제 완전히 회복되어 전처럼 자유롭게 살고 있어요.
혹시 지금 이 순간, 공황장애로 고통 받는 분이 계신다면,
또는 공황장애인 줄도 모르고 이 병을 앓는 분이 계신다면
제 경험을 만화로 재미있게 그려서 그분에게 드리고 싶어요.
세상에 웃음보다 더 좋은 약은 없다잖아요.
제가 공황장애를 어떻게 극복했는지 아시면
반드시 도움이 되리라고 믿어요.

자, 이제부터 제 이야기를
시작해 볼까요?

올리비아의 공황장애 탈출기

"빛이 통과할 만큼 투명한 미친 사람들이여, 행복할지어다!"

— 미셸 오디아르

제1장
공황장애가 생기다

내가 어쩌다가 정신병원 대기실에서 차례를 기다리는 신세가 되었는지는 나도 궁금하다.
Call Esoop 2235.5580
아줌마! 거기 앉은 사람이 안 보여요? 버릇 없이 남의 무릎에 올라앉다니!
나는 지극히 정상적인 사람이었다.

내 이름은 올리비아 아지몽.
나이는 서른 살.

남편과 딸 둘.
고양이 한 마리.
방이 셋 딸린
단독주택에서
살고 있다.

엄마!
2010년 4월 12일 아침,
잠에서 깰 때까지만 해도 아무 문제 없었다.
방해하지 마시오
끄응…

졸려…
지하철
타고 가자!
찬성!

알았어.
지하철 타고
뱅센 공원에
놀러 가자.

그날 나는 스트레스가 심했다.
지하철을 타고 싶지 않았다.
무슨 일이라도 생길까 봐
두려웠고, 신경이 예민해져
딸들에게 짜증을 부렸다.
얌전히 굴어야 해!
떠들면 혼난다!
알았어요!

메롱, 메롱
약오르지?
하하하.
더 웃겨봐!

그런데 갑자기...
아무 이유도 없이
미칠 것만 같았다.
어지럽고,
숨이 막히고,
갑자기 눈앞이
캄캄해졌다.
그리고 온몸에서
진땀이 났다.

그러더니 마치 비좁은 곳에 꼼짝도 못 하고
갇혀버린 듯이 갑갑한 기분이 들었다.

그러더니 마치 비좁은 곳에 꼼짝도 못 하고
갇혀버린 듯이 갑갑한 기분이 들었다.

산 채로 관 속에
들어간 느낌...
상태가
심각해.

대중교통 수단에 대한 공포심이 생기자, 마치 기다렸다는 듯이 그때부터 사람들과 만날 약속이 줄을 이었다. 나는 어쩔 수 없이 거짓말을 하면서 비루한 변명을 늘어놓기 시작했다.

거짓말 경연대회

하지만 나는 이런 증상들이 곧 사라지리라고 믿었다.

이번 역은 바스티유,
바스티유 역입니다.

아직도
열다섯 정거장
남았어. 으으...

밤엔 불안하고
두렵고 괴로워서
죽을 것 같아.
오늘 밤은 또
어떻게 하지?

이런 상태로 너는 못 버티겠어.
혹시 이러다가 죽는 건 아닐까?

하지만 그렇지는 않았다.

어떡하든 해결책을 찾아야 해!
오케!

걱정 마, 올리비아. 내 단골 허브 가게에서 안정제를 사 먹어봐. 심리 안정엔 역시 허브지!

이 약이 심리적 안정에 도움을 줄 거예요. 성분 중엔 순종 망아지 오줌도 들었어요.
8만 원입니다.

나는 심지어 최면술사를 찾아가기도 했다.
자, 이제부터 제가 환자 분의 나쁜 기운을 뽑아내겠습니다.
헉, 어디로 뽑아내요?

제2장

원인과 증상

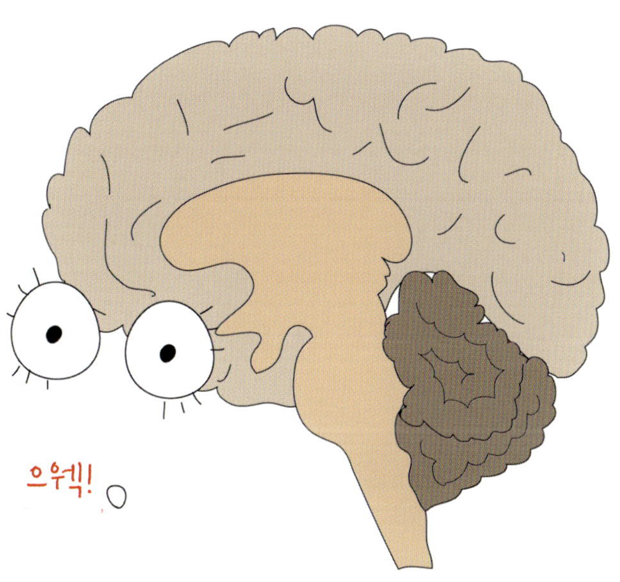

온몸의 에너지가 너무 갑작스럽게 팔다리로 몰리면
올림픽 육상선수처럼 긴장하게 되고
현기증을 느끼면서 기절할 것 같은 기분이 든다.

내가 기억하기에 공황발작을 가장 심하게 겪었던 곳은 어느 대형마트였다.
그때 나는 어머니와 함께 있었다.
특가 세일
페인트 1리터
2만원 만원!
한정판매
엄마! 어서 집에 가자!
숨이 막혀 죽을 것 같아.
빨리 여기서
나가자고요!

마트 주차장에서 차에 탔을 때에도 증세는 계속되었다.

엄마! 시동 걸지 마.
차가 달리면 죽을 것 같아!

얘, 도대체 왜 그러는 거야?
어쨌든 집엔 가야 할 것 아니냐?

엄마가 널 무척
사랑한다는 걸
너도 잘 알지?
하지만 이 말은
꼭 해야겠어...

오,오!
롯데 마트
너 지금, 날 데리고
노는 거야?
오,오!

공황발작 초기에...
내 몸매는 이렇게 통통했다.

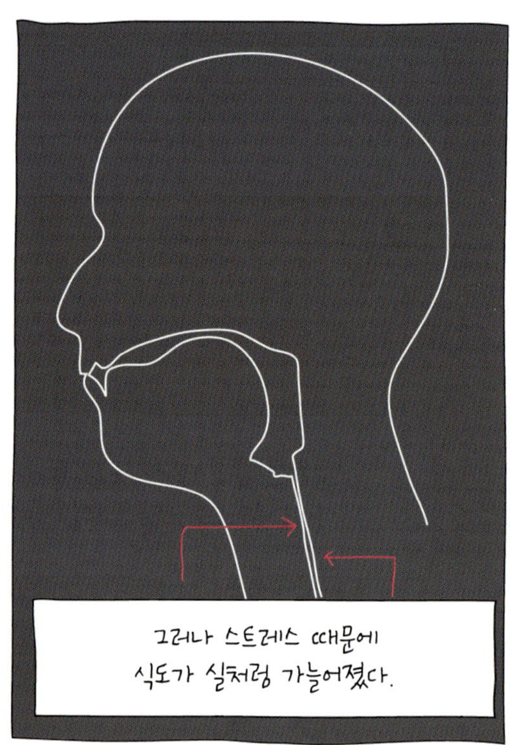

그러나 스트레스 때문에
식도가 실처럼 가늘어졌다.

식욕이 없어...
아! 엄마!
이제 제발 그만하고
밥 좀 먹어요!

당신, 열흘 만에 체중이
15킬로나 줄었는데
가슴은 그대로야!
세상에! 믿을 수 없군!
복 터졌지!

공황장애를 앓는 사람들을 위한 지침
얘, 그까짓 스트레스 땜에 무슨 엄살이 그렇게 심해? 밖에 나와서 좀 돌아다녀!
사각 사각…
살살 해요. 난 손톱이 연약한 여자예요.
친구한테 그런 말밖에 못 해?
못된 것!
내가 정답을 알려줄까?
우린 친구잖아. 도움이 필요하면 언제든지 내게 연락해.
고마워!

제3장
포인트 브레이크

발작이 너무 심해

미치겠어 미치겠어 미치겠어
미치겠어 미치겠어 미치겠어 미치겠어 미치겠어
미치겠어 미치겠어 02:35 미치겠어 미치겠어

미치겠어 미치겠어 미치겠어 미치겠어 미치겠어

미치겠어 미치겠어 미치겠어 미치겠어 미치겠어 미치겠어 미치겠어
미치겠어 미치겠어 미치겠어 미치겠어 미치겠어 미치겠어
미치겠어 미치겠어 미치겠어 미치겠어 미치겠어 미치겠어

미치겠어 미치겠어 미치겠어 미치겠어 미치겠어

미치겠어 미치겠어 미치겠어 미치겠어 미치겠어 미치겠어 미치겠어
미치겠어 미치겠어 미치겠어 미치겠어 미치겠어

미치겠어 미치겠어 미치겠어 미치겠어 미치겠어

이제 더는 못 견디겠어.
이 고통에서 벗어날 방법은
자살뿐이야.

여보! 일어나!

젠장, 너는 못 견디겠어. 죽을 것 같아.
나는 공황발작을 일으키고 있었다. 집에서 발작한 적은 한 번도 없었는데
차라리 죽고 싶었다.

입원해야겠어!

나는 어서 병원에 가고 싶었다.

그렇게 나는 새벽 세 시에 응급실로 실려 갔다.

그러나 대기실에서 다섯 시간을 기다려야 했다.

안녕하세요, 어디 봅시다. 흠… 상태가 심각하군요.
신경정신과 전문의

공황발작이 있었군요? 증세를 자세히 들려주시고, 우선 이 약을 드세요.
신경정신과 전문의

꿀꺽! 약 맛이 이상해요… 전에 공황발작을 일으켰는데, 이젠 집에서 가만히 있다가도 발작이 일어날 때가 있어요. 이 증세가 멈추지 않으면 전 자살할지도 몰라요. 상태가 심각하니 입원해서 치료받았으면 좋겠어요.
입원 치료를 원한다고요?
네!
신경정신과 전문의

지금은 상태가 어떤가요?
손발에서 땀이 나고, 무섭고, 미쳐버릴 것만 같아요. 내 의지와 무관하게 자살할 것 같아 두려워요. 조금 전에 먹은 약이 효과가 나기 시작하나 봐요. 선생님 뒤에 있는 벽이 녹아내리는 것 같아요.
신경정신과 전문의

그렇다면,
'자의 입원'을
권하고 싶군요.
자의 입원하면
원할 때 언제든지
퇴원할 수 있어요.

좋아요.
그런데 제가 먹은 약이
너무 강한 것 아닌가요?

정신의학과 전문의

한 시간 뒤에 나는 병원에서 입원 절차를 마쳤다.

정신병원에 입원하면 환자가 자살하는 사고를 방지하기 위해
입고 있는 옷과 소지품을 모두 병원에서 보관한다.

브래지어도
벗어주세요.

오! 이 정도 사이즈면
코끼리도 목매달아
자살할 수 있겠군요.

옷을 보관하고 병원에서 주는
파자마 모양의 환자복을 입는다.

아지몽 부인?

네?

그곳에서 나는 다른 환자들을 만났다. 그러자 내가 어떤 곳에 와 있는지 실감할 수 있었다.

이런 젠장! 내가 대체 무슨 짓을 한 거야?
난 이 정신병원에서 평생 나가지 못할 거야.
아이들도 못 보고, 남편도 다시는 못 볼 거야.
앞으로 최소한 65년 동안 병원 휴게실에서
카드놀이나 하면서 살다가 죽을 거야.
빌어먹을! 빌어먹을! 빌어먹을!
사람 살려요!

오래전에 봤던 미국 영화
「뻐꾸기 둥지 위로 날아간 새」
에서처럼 정신병자들을 모두
식물인간으로 만드는 뇌수술을
받게 될지도 몰라!

가가 공주하고 단짝이 되겠지.
머리에 꽃을 꽂고 히죽히죽
웃으면서 병원 안을 이리저리
뛰어다닐 거라고!!

다음날 나는 병원에서 준 환자복을 벗어버리고 내 옷을 찾아 입었다.
그리고 병원 안뜰에서 담배를 한 대 피웠다. 내 인생 최고의 담배였다.

헤이, 안녕?
새로 왔나 봐?

내 이름은 안나야.
내가 이곳
사람들을
소개하지.

그렇게 나는 안나의 소개로 이 세상에서
가장 매력적인 사람들을 만나게 되었다.

안녕?
5년째 우울증을 앓고 있는
미술린. 입원 8개월차.

안녕하시오?
아내를 잃은 충격에서
벗어나지 못하는 장 이브.

몇 년째 말을 하지 않는
실어증 환자 제르보 부인.

가가 공주. 본명은 아무도 모름.
그녀는 심각한 정신착란증세를
앓고 있었다. 장 이브에게
아내가 돌아오리라는 부질없는
희망을 심어주어 그를 혼란스럽게
하고 있었다. 철없는 것!

야닉은 더없이 친절하고 예의 바른 청년이었지만,
한번 말문이 터지면 주체하지 못하는 증세가 있었다.

한번 말문이 터지면 주체하지 못하는
증세를 '어루증(tachyphrasia)'
혹은 '병적인 다변증'이라고 합니다.
말이 마치 폭포수처럼 조절할 수 없이
엄청나게 빠른 속도로 쏟아져 나오지만,
나름대로 매우 논리적이라는 독특한 특성을 보입니다.

어루증의 예

야닉, 요즘 잘 지내요?
네, 저는 잘 지냅니다. 저의 정신적 상태, 육체적 상태를 고려한다면, 매우 잘 지낸다고 할 수 있죠. 육체적인 상태를 말하자면, 인체의 65퍼센트가 물로 이루어져 있거든요. 그래서 우리 몸에는 산소와 탄소가 있어요. 탄소는 라틴어 '카르보'에서 유래한 단어인데 숯을 의미하죠.
탄소는 주기율표 14족 2주기에 속하는 원소로 고대부터 알려졌죠. 홑원소물질로는 비결정성 탄소, 흑연, 다이아몬드의 세 가지의 동소체가 존재합니다. 흑연은 중세부터 알려졌고, 보석으로 사용된 다이아몬드가 탄소라는 사실은 1772년에 라부아지에와 1814년 데이비의 실험으로 확인되었죠…

이런 증세로 고생하는 야닉에게 인생은 고난의 연속이었다.
그에게서 이 증세가 나타나면 사람들은 그의 손을 잡고 진정시켜주었다.

안나는 젊고 아름다웠지만, 조울증 환자였다. 그녀는 내게 정신병원이 작동하는 시스템을 친절하고 자세히 알려주었다.

카트린은 늘 혼자 떨어져 있었다. 그녀는 한번 걷기 시작하면 멈추지 못하는 증세가 있었다. 다행히 문이 잠겨 있어서 병원 밖으로 나가지는 못했다.

카트린은 입원 전에 빵을 사러 나갔다가...

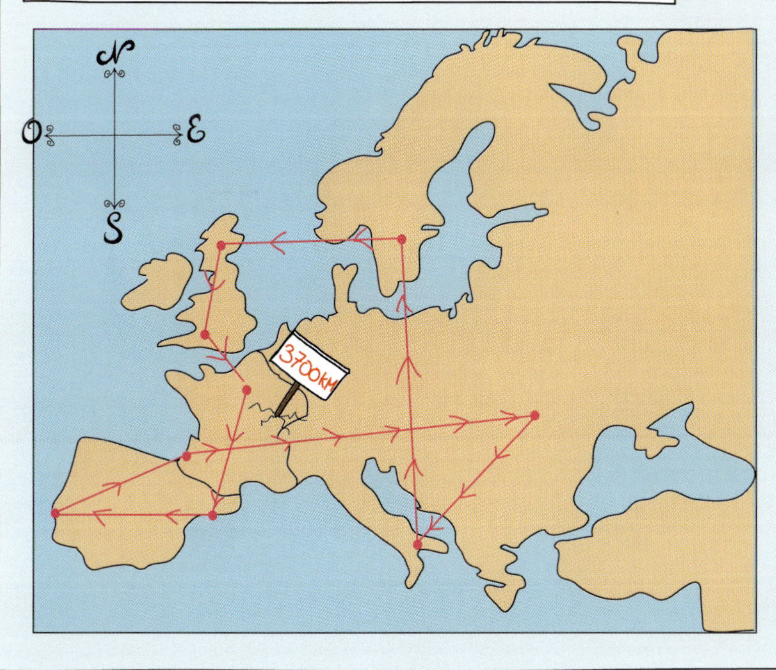

그길로 전 유럽을 걸어서 일주했다. 인내력, 지구력이 정말 놀라운 여성이었다.

환자 중에서 내가 가장 좋아한 사람은 B씨였다. 할아버지가 없었던 나는 그와 금세 친해졌다. 그의 교양과 학식은 놀라울 정도로 깊고 넓었다.

은퇴한 철학 교사 B씨는 나의 고등학교 시절 철학 교사였던, 깐깐하고 쌀쌀맞은 푸송 부인과는 비교할 수 없을 정도로 친절하고 다정했다.

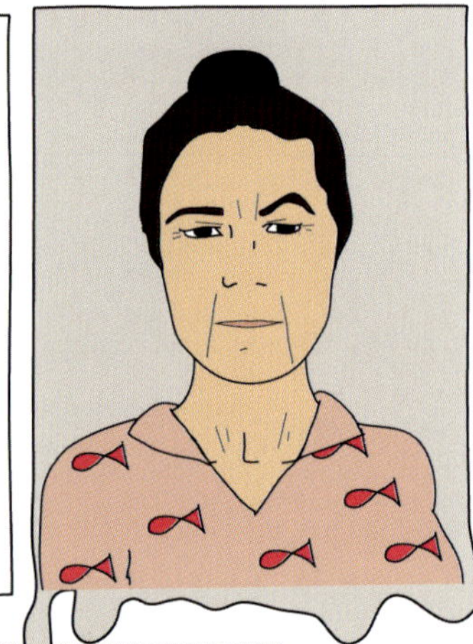

그와 나는 지칠 줄 모르고 끝없이 이야기를 나누었다.

정신과 병동의 하루
아침 일곱 시.
나는 깊이 잠들어 있었다.
드르렁
드르렁
드르렁
드르렁
드르렁
드르렁
드르렁
병실 22호,
기상!
화장실...

그리고 샤워장… 물이 너무 차가워서 젖꼭지가 돌멩이처럼 단단해졌다.

아직 끊지 못한 담배… 이번엔 꼭!

아침 식사 전, 그리고 아침식사 중에 투약한다.
헤이, 올리비아, 즐거운 아침 식사 시간이야!

곧이어 '동물의 왕국' '양상추를 먹는 마르모트' 편이 방송됩니다. 많은 시청 바랍니다.
몽롱하게 최면에 걸린 듯한 상태에서 TV 시청…

자, 얘기해봐요.
공황발작이 처음 시작된 것은…
주치의와 진료 상담.

헤이, 올리비아, 즐거운 점심 식사 시간야!

점심식사 전, 그리고 점심 식사 중에 투약한다.

조용히 해!

간호사가 늘 대기 중이어서 그녀와 언제든지 대화할 수 있다.
어떤 일을 하고계세요?
만화를 그려요.
일본에서 제 개인전이 열려요.
그것 참 잘됐군요.
자, 약 드셔야죠.

나는 어차피 정신과 치료를 받는 김에 그동안 가슴속에
묻어두었던 것들을 모두 의사에게 털어놓기로 했다.

그리고 늘 내가 못생겼다고
생각한다는 것도 고백했다.

그래, 90년대 나는 정말 촌스러웠지.
하지만 그땐 모두 그랬어.
나만 촌스러웠던 게 아니라고!

나는 의사에게 많은 것을 고백했다.
친구의 죽음으로 받았던 깊은 상처,
내가 하는 일에 대해 느끼는 불안,
무능한 나 자신에 대한 불만…
그렇게 모든 것을 털어놓고 나니
정말 속이 후련해졌다.

내가 너무 오래 지껄인 바람에
내 이야기를 듣던 의사는 어쩌면
엉덩이에 쥐가 났을지도 모른다.

내가 병원에 입원해 있는 동안 가장 인상 깊었던 것은
이제 바깥세상에서는 찾아볼 수 없는 사람 사이의 연대감이었다.
내가 입원한 지 나흘 만에 공황발작에 대한 두려움 없이
처음으로 외출하게 되었을 때 모두가 나를 격려하고 축하해주었다.

브라보!
'브라보'라는 말은
18세기 이탈리아
오페라에서 유래했죠.
작품에 대한 인정과 칭찬,
관객의 기쁨을 표현하는
어휘로서… 중얼중얼…
고마워. 흑!

정신병원에서
지켜야 할 규칙

환자가 병실에 혼자 있을 때에는
이어폰 사용이 금지된다.
목을 매어 죽고 싶은 자살충동을
일으킬 수 있기 때문이다.

독성이 있는 모든 종류의 약품,
화공약품도 금지 품목이다.
입원하기 전에 산 매니큐어 리무버는
일찌감치 친구에게 선물하는 것이 좋다.

두말하면 잔소리겠지만,
면도기, 가위, 바늘, 드라이버 등
날카롭고 뾰족한 물건은 휴대할 수 없다.

오오, 당신 오늘 아주 예쁜데?
누굴 놀려?

뻐꾸기 정신병원
I believe
I can fly~ ♪
하루하루 병세가 호전되었다.
나는 서서히 인간의 모습을
되찾았고, 병원 앞뜰에서
산책도 할 수 있게 되었다.

아지몽 부인, 입원하신 지 열흘이 됐군요. 많이 좋아졌으니 이제 퇴원하셔도 될 것 같습니다.

그래도 아직 자신이 없어요. 퇴원했다가 또 발작하면 어떡하죠?

부인, 그것은 불안장애를 겪는 사람들의 전형적인 반응이에요. 하지만 지금 퇴원하지 않으면 영영 병원 신세를 지게 될 거예요. 내일 아침 퇴원하세요.
알겠어요, 선생님!

제4장

인지행동치료와 회복

공황장애 환자들은 병원에서 퇴원하고 나면 정기적인 치료를 시작한다.
나는 의사가 추천한 대로 의료심리센터에서 인지행동치료를 시작했다.

그 자리에 앉으면 안 됩니다.
거기 앉아 있는 제 친구가 안 보입니까?
아, 네...

인지행동치료가 어떤 것인지
궁금하시죠? 제가 설명해드리죠.

간단히 말하자면, 인지행동치료는
환자로 하여금 자신의 두려움에
맞서게 하는 치료입니다.

예를 들어 상어를 무서워하는
사람이 있다고 가정해봅시다...

으으...

이봐요! 덜덜 떨지 말고
용기를 내서 뛰어내려요!
절대로 위험하지 않다니까!

물론 단번에 두려움을
극복할 수는 없죠.
조금씩, 조금씩
두려움과 싸워
이겨나가는 겁니다.

두려움을 숨길 필요는 없다. 심리치료의 핵심은 두려움을 드러내고
환자가 그 두려움에 맞설 수 있게 도와주는 데 있다.

아지몽 부인,
이제 지하철을
타셔도 되겠어요.
피하면 피할수록
더 두려워집니다.
공황증상이 나타나면
도망가지 말고
대처해야 합니다.
다른 생각을 하고,
긴장을 풀고,
심호흡을 하고…

나는 용기를 내어 지하철을 타러 갔다.

공황증세에 집착하고
생각하지 않는 것이
무엇보다 중요하다.
나는 이것을
"분홍 코끼리 무시하기"
라고 부른다.
술에 몹시 취하면
분홍 코끼리 같은
헛것이 보이듯이
공황이 만들어낸
환상을 부정하는
나만의 훈련법이다.

나는 정기적으로 지하철을 타러 갔고,
일상의 소소한 기쁨을 다시 발견할 수 있었다.

아! 파리의 지하철은 정말 멋져!
CHÂTELET

그리고 사람들과 다시 소통하기 시작했다.

올리비아, 너 마트에서 물건 산 얘기를 세 시간째 늘어놓고 있는데... 나 지금 일하는 중이거든!

오늘 어떻게 지냈죠?
75,00

사람들과 섞일 수 있게 됐어!

공황장애가 있다거나 그 증세로 병원에 입원한 적이 있다면, 감추지 말고
주변 사람들과 터놓고 얘기하는 것이 좋다. 그러다 보면 공황장애가 있거나
이 증세와 관련 있는 사람이 생각보다 훨씬 많다는 사실을 알게 될 것이다.

인지행동치료와 같은 정기적인 치료 외에도 약물치료를 병행할 수 있다.
단지, 약물치료에는 말하기 조금 난처한 부작용이 따르기도 한다.

이런 말을 하기 좀 그렇지만,
국자가리비의 성생활이
우리보다 훨씬 더 왕성한 것
같지 않아? 당신 약물치료
부작용이 내겐 심각하군.

이제 공황발작은 없었지만, 나는 약물치료를 계속했다.
하루에 알약 5개를 복용했는데 약 때문에 성욕도 감퇴하고,
앉은 자리에서 그대로 잠들기 일쑤였다.

엉뚱한 장소에서
곯아떨어지거나...

엉뚱한 자세로
중력의 법칙에
도전하기도 했다.

차를 너무 많이 마셨지만,
똑바로 누워 있으면
화장실에 가지 않고
한 시간은 버틸 수 있어요.

그리고 나 스스로 내가 느끼는 불안을 그림으로 표현하기 시작했다.

내가 느끼는 불안을 그림으로 표현하는 건 멋진 치료가 될 거야.
'저주받은 천재 화가' 처럼 내 이야기와 내 공황증세를 캔버스에 그대로 옮겨보는 거야.
공황발작과 창작의 고통 중에 어떤 것이 더 괴로울까?

이 작품에서 작가는 누이와 부모를 통해 자신의 근본을 찾고 있군요. 정원은 인생과 불안의 원인을 상징하고 있어요.

흠… 이 작품은 광기에 대한 공포, 타인과의 단절에 대한 두려움을 표현하고 있군요.

그림에 보이는 예쁜 식물처럼, 공황증세 초기에는
주변 사람들의 보살핌을 받는 것이 기분 좋을 수도 있다.
그러나 식물이 자라 거대한 숲을 이루면 거기서 헤어나기
어렵듯이 공황장애는 환자를 온통 압도하여 치유가 쉽지 않은
심각한 질병으로 발전할 수 있다.

환자는 위태로운
외줄타기를 한다.

나는 이 그림을 그릴 때부터 상태가 많이 좋아졌다.

AMBU

마침내 나는
가장 두려워했던 것들,
죽음, 병원 같은 것을
그리는 용기를 낼 수 있었다.

왕성한 창작활동으로
근육통까지 생겼어요!

의료심리학 센터에서 수강한 긴장완화 수업 역시 내게는 큰 도움이 되었다.

온몸의 긴장을 푸세요…

호흡할 때마다
오르내리는…

얼굴 근육도
힘을 빼세요.

볼록!
복부의 움직임에
집중하세요.

자, 이제 아름다운 초원에 있다고 상상해보세요…

안녕, 올리비아!
아름다운 풀밭에 앉아 있는
자기 모습을 가시화합니다.
어때요, 보이나요?
네!

나는 집중력에 조금
문제가 있었지만,
긴장완화 수업은
큰 도움이 되었다.

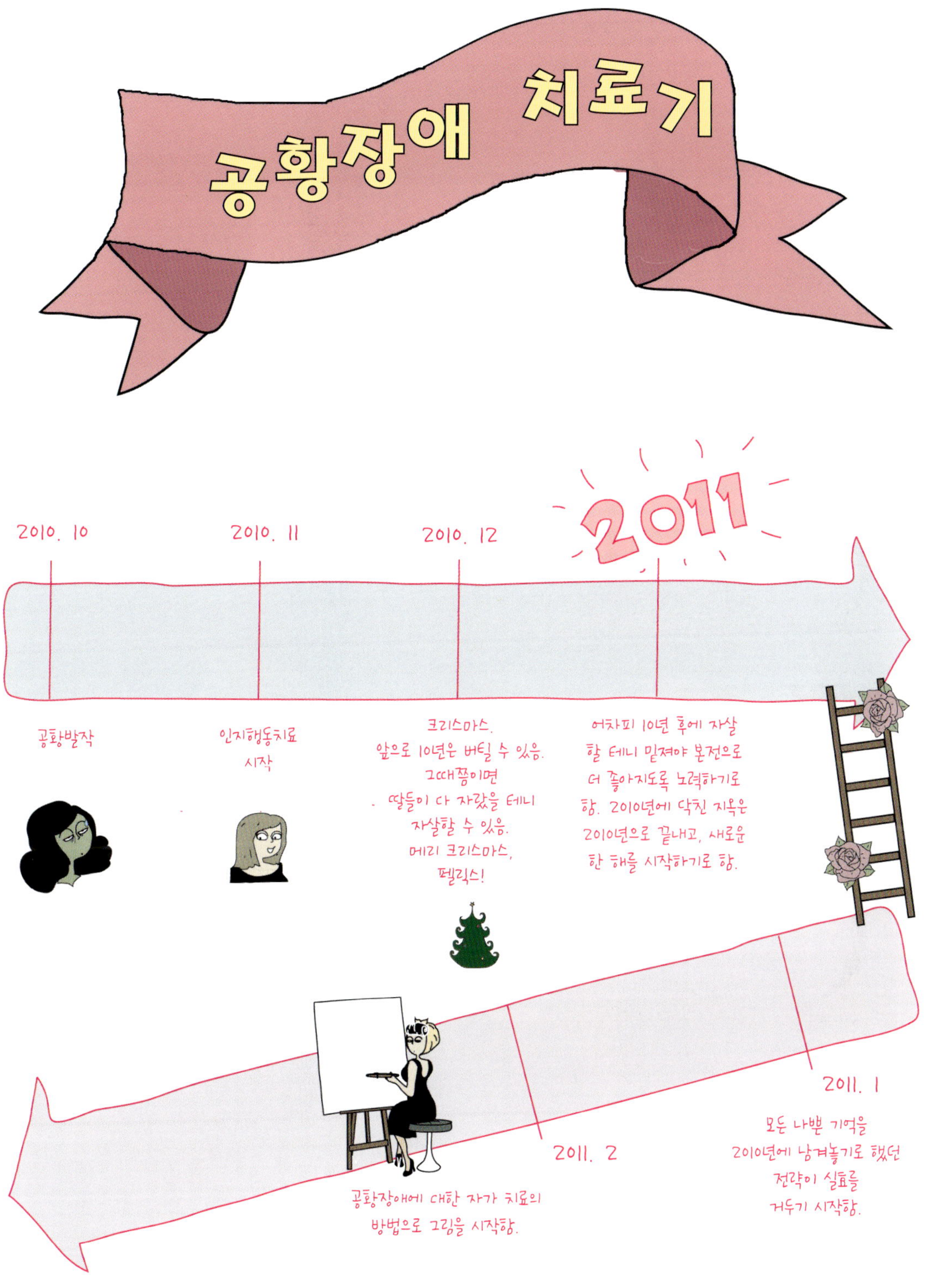

공황장애 치료기
2011
2010. 10
2010. 11
2010. 12
공황발작
인지행동치료 시작
크리스마스. 앞으로 10년은 버틸 수 있음. 그때쯤이면 딸들이 다 자랐을 테니 자살할 수 있음. 메리 크리스마스, 펠릭스!
어차피 10년 후에 자살할 테니 밑져야 본전으로 더 좋아지도록 노력하기로 함. 2010년에 닥친 지옥은 2010년으로 끝내고, 새로운 한 해를 시작하기로 함.
2011. 1
모든 나쁜 기억을 2010년에 남겨놓기로 했던 전략이 실효를 거두기 시작함.
2011. 2
공황장애에 대한 자가 치료의 방법으로 그림을 시작함.

2011. 3
2011. 4
2011. 5
2011. 6
2011. 7
2011. 8

정상적인 삶의 감각이
돌아왔고 이제 웃기도 함.
하지만 모든 외출은 철저
하게 계획을 세워서 하고
약물치료도 계속함.

밖에 나다니기 시작함.
파리 시내도 산책함.
이전의 사회생활과 거의
비슷한 상태로 돌아옴.

갑자기 모든 두려움이
사라졌음. 약을 먹지
않고도 지하철을 탈 수
있게 되었음.

오늘은 2011년 8월 1일.
여전히 잘 지내고 있다.
공황증세 전혀 없이
집에서 수백 킬로미터 떨어진
곳에서 휴가를 즐기는 중.

할머니 자클린
공황 장애자
다니엘 이모부
파트리시아 이모
어머니 도미니크
아버지 안토니오
공황 장애자
사촌형부 엠마뉘엘
사촌 오렐리
형부 르노
언니 셀린
나
남편 로랑
공황 장애자
공황 장애자
첫딸 마르고
둘째딸 빅투아르
이처럼 대를 이어
겪어왔던 공황장애가
내게서 끝나고
부디 내 아이들은
나와 같은 고통을
겪지 않았으면
좋겠다.

어쨌든 현재로서는
아무 탈 없이
잘 지내고 있다.

다음은 파리의 생탄 병원에 근무하는 정신과 의사
크리스토프 앙드레 박사가 공황장애에 관해 집필한 내용입니다.
앙드레 박사는 정신병리학 분야에서 탁월한 저서들을 출간한
베스트셀러 작가이며 『두려움의 심리학』을 쓰기도 했습니다.

공황장애에는 대책이 없을까요?

공황장애는 갑자기 매우 격렬한 발작 형태로 나타나기 때문에 대부분 대책이 없다고들 말합니다. 아니면 발작을 막으려고 무슨 방법이든 써보려고 하지요. 결국, 발작이 일어날 만한 상황을 피하려고만 하는데, 이것은 별로 좋은 방법이 아닙니다. 공황증세가 심해지지 않도록 작은 노력을 꾸준히 기울이는 편이 훨씬 효과적입니다. 공황발작이 시작되는 것을 막기는 어렵지만, 시작 상태를 유지하여 더 심한 발작으로 발전하지 않게 하는 방법은 많이 있습니다. 아래 소개한 방법으로 공황을 멈출 수는 없지만, 공황이 발생했을 때 불안해하지 말고 잘 적용한다면 공포심이 공황발작 상태로 발전하는 것을 조금씩 막을 수 있게 됩니다.

불안을 받아들이세요

공포심이 생기면 '그저 조금 불안할 뿐'이라고 생각하세요. 그렇게 공포심이 공황상태로 발전하는 것을 막을 수 있습니다. 당황해서는 안 됩니다. 당황하면 상태가 더 나빠집니다. 의학의 아버지 히포크라테스는 "무엇보다도 해치지 마라(Primum non nocere)."라고 말한 적이 있습니다. 당황하지 않는 가장 좋은 방법은 불안을 받아들이며 속으로 이렇게 말하는 겁니다. "그래, 이게 찾아왔군. 두려워지기 시작하는군. 담담하게 공포심에 맞서 보기로 하자." 이렇게 마음먹는 편이 "맙소사, 이거 큰일 났군. 제발 발작 초기 증세가 아니었으면 좋겠는데. 심각한 상황이 벌어지면 어쩌지?"라며 겁부터 내는 것보다는 훨씬 낫겠죠.

심호흡하세요. 되도록 침착하게 숨을 쉬세요

공포를 느끼면 우리는 신체가 요구하는 것 이상으로 가쁘게 숨을 쉬는 경향이 있습니다. 공황장애가 아니더라도 반사적으로 과호흡 징후를 보이는 겁니다. 스트레스를 받거나, 몸을 격렬하게 움직일 때 신체 기관에 산소를 공급하기 위해서 이런 증세가 나타납니다. 하지만 불행하게도 이런 반사작용이 공황발작의 도화선이 될 수 있습니다.
과호흡은 혈액에 산소를 대량으로 공급하는데, 이럴 때 공황 초기증세와 비슷한 느낌이 듭니다. 그러므로 천천히, 차분하게 숨을 쉬어야 합니다.

필요하다면 두 손을 모아 입에 대거나 봉지를 입에 대고 호흡합니다. 이런 방법은 공포를 느끼는 상황에서 자기도 모르게 과호흡하는 반응을 억제해줍니다.

육체적, 정신적으로 그 자리에 남아 있어야 합니다

공황증세가 시작되면 어떻게든 피하고 싶어집니다. 그러나 달아나지 말고, 공황이 시작된 그 장소에 그대로 계세요. 심리적으로도 현장에 그대로 남아 있어야 합니다. 다시 말해 여러분을 둘러싼 주변 환경, 사람들, 소소한 것들을 주의 깊게 관찰하는 겁니다. 공포심에 사로잡혀 "이러다 죽을 것 같아!" "점점 더 심해져!" "이젠 나 자신을 통제할 수 없어!"라며 공포심을 가중하지 말고, 침착하게 호흡하면서 육체적으로나 심리적으로 현장에 그대로 머물러야 합니다.

거대한 파도가 집어삼킬 것 같아도 눈앞의 현실에만 집중해야 합니다.

공황발작은 바다에 몸을 담그고 있다가 갑자기 밀어닥친 거대한 파도에 휩쓸리는 상황과 비슷합니다. 정신없이 떠밀려 숨이 막히고, 어디가 어딘지 분간할 수 없이 눈앞은 가물가물합니다. 이럴 때 가장 좋은 방법은 당황하여 발버둥치지 말고, 힘을 아끼고, 수면으로 다시 올라가는 겁니다. 물에 빠졌을 때 버둥거리면 오히려 물을 들이마시게 되죠.

공황발작으로 파도에 휩쓸린 것 같은 기분이 들면, 이렇게 생각하세요. "작은 코르크 마개 하나가 거대한 파도에 휩쓸려 이리저리 흔들리고 있다. 그것이 지금의 나다. 이 상태에만 집중하고 혹시 앞으로 일어날지 모르는 나쁜 일은 아예 생각하지도 말자. 호흡을 가다듬고 이 파도가 지나가기를 기다리겠다고 마음속으로 목표를 세우자. 순간순간 너무 빨리 호흡하지 말고, 내 상상이나 공포에도 신경 쓰지 말고 나를 둘러싼 현실에만 온 정신을 집중하자." 물론 이것이 말처럼 쉽지 않습니다! 훈련이 필요합니다. 그러나 이렇게 불쑥 찾아오는 작은 고통에 자주 맞서다 보면, 언제든 찾아올 수 있는 큰 고통에 대처할 수 있습니다. 그리고 이렇게 대응하다 보면 큰 고통이 찾아오는 횟수도 줄어듭니다. 당황해서 작은 고통을 크게 만드는 일도 없을 테니까요.

공황발작이란 무엇일까요?

공황발작으로 고통을 겪는 사람은 많습니다

공황발작은 갑자기 누구에게나 찾아옵니다. 몸이 건강하고, 심리적으로 안정된 사람도 갑자기 어지럽고 메스껍고 숨이 막혀 죽을 것 같은 증상을 느낍니다. 줄을 서서 차례를 기다리거나, 버스나 지하철을 타거나, 아는 사람과 길에서 몇 마디 나누기조차 어려워집니다. 평소에 익숙했던 환경에서도 불안을 견디지 못하고 가슴이 터져 버릴 것만 같습니다. 참으로 기가 막힌 일이죠….

공황증세에는 세 가지 요소가 있습니다

프랑스에서는 놀랍게도 전체 인구의 2퍼센트가 '공황장애'라고 부르는 증상에 시달립니다.

얼마 전까지 이 증상은 잘 알려지지 않았지만, 이제는 치료받기가 훨씬 수월해졌습니다. 공황증세에는 공황발작(특별한 이유 없이 갑자기 강렬한 공포를 느끼는 증세), 공황장애(발작이 재발할지 모른다는 불안을 느끼는 증세) 그리고 광장공포증(발작에 대한 두려움 때문에 생긴 기피증과 합병증)의 세 가지 요소가 뒤얽혀 있습니다.

공황증세의 세 가지 요소	
종류	증상
공황발작	갑자기 격렬하고 심한 고통을 느낀다. 죽거나 미치리라는 확신이 들게 하는 여러 가지 신체적 증상이 동반된다.
공황장애	외상성 공황발작이 반복된다. 처음에는 발병 예상이 불가능하다. 재발할지도 모른다는 강박적인 두려움을 느낀다.
광장공포증	다시 공황장애를 겪거나 일으킬까 봐 외출, 이동, 일반 활동에 제약이 생긴다.

일반적으로 강도 높은 공황발작으로 시작되는 이 병의 초기에 환자는 자신에게 무슨 일이 일어나
는지를 잘 모릅니다. 단지, 몸에 큰 병이 났다고 생각하죠. 그래서 여러 가지 검사를 하고 건강검진
을 받지만 별다른 원인을 찾아내지 못하고 의사에게서 "신경성입니다."라는 대답만 듣게 됩니다.
하지만 육체적인 이상 증세는 계속되지요. 심장이 쿵쾅거리고, 숨이 막히고, 어지러워서 아무 데나
털썩 주저앉아 버릴 것만 같습니다. 그러면 또다시 건강검진을 받고 의사는 여전히 아무 이상 없다
는 말만 반복합니다. 그러면 자책감이 생기고, 나약한 자신을 한심하게 여기며, 의기소침해집니다.

피해야 할 두 가지 실수

환자는 공황장애의 심리적 측면을 인정하지 않는 의학적인 실수와
용기를 내기보다 자신을 책망하는 정신적인 실수 때문에
치료를 시작하기까지 귀중한 시간을 허비하곤 합니다.
공황장애도 당뇨병이나 고혈압처럼 심각한 병이라는 사실을 인정하고, 치유에 필요한 노력을 기
울이는 진지한 태도가 필요합니다.

"어쩌다가 내가 공황장애에 걸렸지?"

발병 초기에 사람들은 스스로 이런저런 질문을 던지며 대답을 찾으려고 애씁니다. 그중에 혼자 해
답을 찾기 어려운 질문이 있습니다. "왜 내게 공황장애가 생겼을까?" "하필이면 왜 내가 걸렸지?"
"왜 지금 발병한 걸까?"

공황장애의 원인은 무엇일까요?

다른 병과 마찬가지로 공황장애에는 선천적인 원인과 후천적인 원인이 함께 작용합니다. 공황장애를 겪는 사람의 집안에서는 불안증이나 우울증을 앓는 사람을 흔히 볼 수 있는데, 이는 공황장애에 상대적으로 체질적 요인이 있음을 말해 줍니다. 하지만 이것은 유전적인 질병이 아니라, 단지 감수성이 예민하고 불안을 잘 느끼는 사람에게서 발병할 가능성이 크다는 것뿐입니다. 그리고 교육이나 성장 환경, 살아가면서 겪게 되는 이런저런 사건으로 사소한 심리적 동요가 병적인 불안 상태로 발전하기도 합니다.

또한, 대부분 질병이 그렇듯이 스트레스가 공황장애를 심화하기도 합니다. 개인적으로, 직업적으로 걱정거리가 많은 시기에는 불안을 더 심하게 느끼고 발작을 일으킬 확률이 높습니다. 그와 반대로 모든 것이 평온한 때에는 스트레스의 영향을 덜 받습니다.

왜 두려움이 사라지지 않을까요?

가장 중요한 문제는, 최소한 공황발작의 진행과 관련하여 가장 중요한 문제는 "왜 두려움이 생기는가?"가 아니라 "왜 두려움이 사라지지 않는가?"입니다. 공황장애가 생기는 원인만 찾을 것이 아니라, 왜 공황상태가 지속하는지를 알아야 할 필요가 있습니다.

사람들로 북적거리는 도로, 창구 앞에 길게 늘어선 줄, 엘리베이터나 지하철, 버스 등 닫힌 공간이 전혀 위험하지 않다는 사실을 잘 알고 있어도 공포심은 사라지지 않습니다!

이제부터 공황발작을 일으키는 가장 근본적인 요소인 공포심에 굴복하지 않고 맞서서 이겨내는 방법들을 하나하나 알아 보기로 합시다.

공황장애 심리와 관련된 잘못된 생각들

정신분석과 관련된 분야에서는 병적인 공포심에 무의식적인 상징성, 특히 성적인 상징성이 있다고 믿어 왔습니다. 예를 들어 거미를 무서워하는 것은 성행위에 대한 공포를 의미하며, 광장공포증 환자는 집 밖에서 이루어지는 성관계에 대한 무의식적인 거부감이 있다는 식의 해석입니다. 그러나 공황장애와 광장공포증의 치료에 이런 해석은 거의 효과가 없다고 봅니다. 게다가 이런 증상으로 고통 받는 사람에게 무의미하고 불필요한 죄책감만 심어준다는 문제도 있습니다.

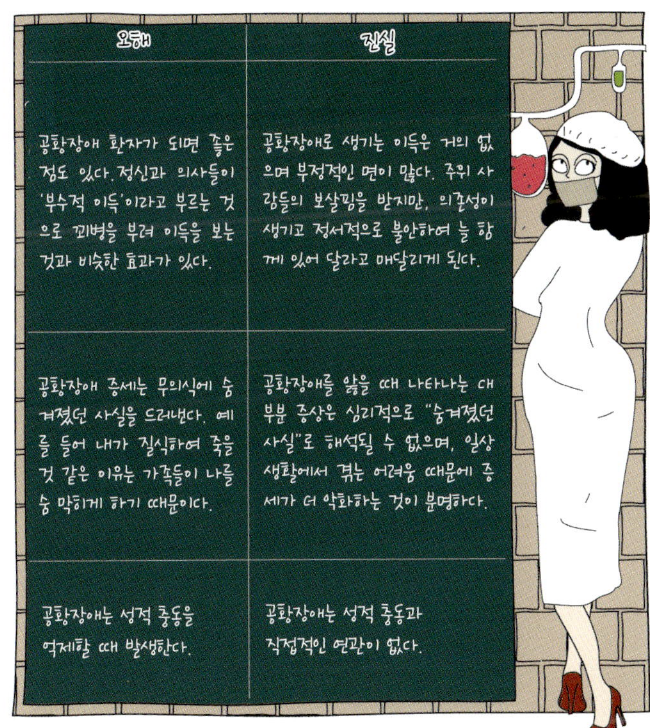

오해	진실
공황장애 환자가 되면 좋은 점도 있다. 정신과 의사들이 '부수적 이득'이라고 부르는 것으로 꾀병을 부려 이득을 보는 것과 비슷한 효과가 있다.	공황장애로 생기는 이득은 거의 없으며 부정적인 면이 많다. 주위 사람들의 보살핌을 받지만, 의존성이 생기고 정서적으로 불안하여 늘 함께 있어 달라고 매달리게 된다.
공황장애 증세는 무의식에 숨겨졌던 사실을 드러낸다. 예를 들어 내가 질식하여 죽을 것 같은 이유는 가족들이 나를 숨 막히게 하기 때문이다.	공황장애를 앓을 때 나타나는 대부분 증상은 심리적으로 "숨겨졌던 사실"로 해석될 수 없으며, 일상생활에서 겪는 어려움 때문에 증세가 더 악화하는 것이 분명하다.
공황장애는 성적 충동을 억제할 때 발생한다.	공황장애는 성적 충동과 직접적인 연관이 없다.

왜 약을 복용해야 할까요?

심리적인 문제가 생겼을 때 오로지 심리학에만 의존하고, 심리치료만 받으려는 사람이 있습니다. 그러나 약물치료도 필요합니다. 왜냐면 개인의 노력만으로 공황장애를 극복하기는 어렵기 때문입니다. 주변에서 공황장애 전문 심리치료사를 쉽게 찾을 수 없는 경우도 있고, 또 심리치료로 큰 효과를 보지 못하는 경우도 흔합니다. 그래서 초기에는 심리치료와 약물치료를 병행해야 합니다. 하지만 어떤 경우에도 의학적인 소견 없이 약물치료를 시작하거나, 의사에게 알리지 않고 임의대로 약 복용을 중단하면 안 됩니다.

심리치료란 무엇인가요?

심리치료란 환자가 앓고 있는 질병의 증세를 완화하기 위해 전문가의 관리를 받으며 진행하는 치유의 전 과정을 말합니다.

심리치료에는 어떤 효과가 있나요?

심리치료에는 단기적으로 공황발작을 진정시켜주는 효과만 있는 것이 아닙니다. 환자가 공황장애의 본질과 특징을 잘 이해하여 공황발작이 일어났을 때 스스로 대처할 능력을 길러 주는 효과도 있습니다. 심리치료는 환자가 통찰력을 갖추어 스스로 치료하고 증상에 대처하는 방법을 잘 알게 되면 나중에도 이 지식을 활용할 수 있다는 장점이 있습니다. 심리치료는 발병 초기에 적용하는 약물치료와 비교할 때 환자가 스스로 공황장애에서 벗어나게 해주고 상태가 나빠지는 것을 막아 주기에 장기적으로 보면 약물치료보다 효과가 뛰어나다고 할 수 있습니다.

공황장애에 어떤 치료법을 선택해야 할까요?

공황장애의 심리치료에도 여러 가지 방법이 있습니다. 몇 년 전만 해도 대부분 심리치료는 환자의 과거에서 장애의 원인을 찾는 데 주력했습니다. 하지만 오늘날에는 인지행동치료를 공황장애에 대한 두려움이나 회피, 거북한 증세들을 완화하는 가장 효과적인 방법으로 간주하고 있으며 여러 연구가 이 치료법의 유효성을 뒷받침하고 있습니다. 인지행동치료의 기본 목적은 환자를 정상이었던 원래의 상태로 다시 돌려놓는 것, 원래 걷던 길로 돌아가 그 길을 가게 하는 것이며, 환자가 자신의 두려움에 스스로 맞설 수 있게 자신감을 불어넣는 치료법이라고 할 수 있습니다. 그렇다면, 인지행동치료는 실제로 어떻게 이루어질까요? '심리'나 '정신'을 뜻하는 학술용어인 '인지'는 여기서 환자의 사고를 변화시키는 데 도움을 주는 것을 의미하고 '행동'은 환자가 두려운 상황에 점진적으로 맞서도록 일정 부분 치료의 진행을 환자에게 맡기는 것을 말합니다. 예를 들어 환자가 "이렇게 심장이 빨리 뛰면 심근경색이 올 거야." "이렇게 10분만 더 갇혀 있으면 미쳐 버릴 거야."라고 생각하기보다는 "이렇게 심장이 뛰는 것은 두려움 때문이야." "난 지금 불안해진 것뿐이야."라고 스스로 생각할 수 있게 하는 것이죠.

공황장애 치유를 위해 스스로 어떤 것을 할 수 있을까요?

공황장애 치료의 여러 사례에서 확인할 수 있듯이 회복을 위해서는 환자 자신의 노력이 매우 중요합니다. 전문의의 지시를 잘 따르면서 조금씩 자신의 두려움에 맞서려고 노력하는 사람은 조금씩 두려움을 지배하게 되고 두려움의 영향력에서 조금씩 벗어나게 됩니다. 음악 수업을 듣는 것과 비슷하다고 볼 수 있죠. 학교에서 음악 교사에게 수업을 듣고 나서 집에서 혼자 연습하는 모습을 떠올려 보세요. 치유에는 능동적인 참여가 절대적으로 필요합니다.

공황장애에서 치유되려면 생활 습관을 바꾸라던데요?

약물치료와 심리치료 외에도 일상생활에서 스스로
실천할 수 있는 몇 가지 치유 활동이 있습니다.
규칙적인 운동, 명상, 좋은 식습관 같은 것들이죠.
그러나 무엇보다도 중요한 것은 건강한 생활 습관을
유지하는 일입니다. 심리적 안정이 가장 중요하니까요.

운동은 어떻게 해야 하죠?

운동은 공황장애를 앓는 사람에게 아주 좋습니다. 규칙적인 운동은 기분이 좋아지게 하고 사기를 북돋아 주는 효과가 있으므로 특히 심리적인 측면에서도 꾸준히 운동하는 것이 필요합니다. 운동이 기적을 일으키지는 않겠지만, 장기적으로 보았을 때 공황장애 치료에 분명히 도움이 됩니다. 운동하면 심장박동이 빨라지고, 호흡량이 많아지며, 온몸에 땀이 나는 등 부분적으로 공황발작이 생겼을 때와 비슷한 증상이 나타납니다. 이런 느낌과 친숙해지면 발작이 일어났을 때 과민하게 반응하지 않게 됩니다. 운동량은 하루에 30분씩 일주일에 세 차례 이상 하는 것이 좋습니다. 예를 들어 자전거 타기나 걷기처럼 가벼운 운동으로 몸에 땀이 나도록 하는 것이 좋습니다.

치료를 위해 어떤 것들을 피해야 하죠?

지금까지 의학계에서 공포증 치료에 효과가 있다는 음식은 보고된 적이 없습니다. 그러나 환자가 피해야 할 음식이나 기호품은 있습니다. 대개 중독성 있는 식음료는 불안감을 줍니다.

예를 들어 커피가 그렇습니다. 커피는 공포에 대한 감각을 예민하게 증폭하는 효과가 있는 것으로 알려졌습니다.

커피를 너무 많이 마시면 공포를 느낄 때 그 강도가 더욱 강해지고 통제할 수 없게 됩니다. 또 어떤 분은 긴장을 풀려고 술을 마시기도 합니다. 그러나 이런 습관은 심각한 중독 증세를 불러올 수 있습니다. 담배도 마찬가지입니다. 흡연하면 일시적으로 안정감이 들지만, 장기적으로는 환자를 불안하게 하는 요인이 됩니다. 실제로 흡연자들에게 공황장애가 자주 발생한다는 연구 결과도 있습니다. 흡연이 불안을 가중하는 것도 문제지만, 흡연하지 않을 때 불안의 징후가 증폭된다는 점이 더욱 심각합니다. 신경증과 불면증이 생기고 이 때문에 환자가 다시 공황상태에 빠지게 됩니다. 그러나 술이나 커피, 담배를 끊지 못한다고 해서 자책하지는 마세요. 심한 자책감은 중독만큼이나 정신건강에 해롭습니다. 만약 필요하다면 중독 증상을 치료하는 전문가의 도움을 받도록 하세요. 그래야 치료의 다음 단계로 나아갈 수 있습니다.

어떤 것들이 치료에 도움이 되죠?

요가, 불교 수행, 선(禪), 태극권, 기체조 등 육체적 긴장을 완화하거나 해소하는 명상과 수행은 공황장애 치료에 도움이 됩니다. 집 근처에 스포츠 클럽이 있고, 꾸준히 운동하는 친구 혹은 함께 운동할 친구가 있다면 주저하지 말고 시작하세요. 어떤 활동을 선택하느냐보다는 얼마나 규칙적으로 실천하느냐가 중요합니다. 물론 처음 시작하는 사람은 불편이나 괴로움을 느낄 수도 있습니다. 그리고 공황장애로 고통 받는 사람이 자기 몸에 너무 집중하다 보면 심리적 동요를 느낄 수도 있습니다. 피하려고 애쓰는 신체적 감각에 과도하게 집착하게 되기 때문이죠. 그래도 되도록 잘 견뎌내는 것이 중요합니다. 이런 활동은 근본적으로 공황장애에서 벗어나는 훌륭한 방법이며 장기적으로 볼 때에도 건강에 이로우니까요.

치료 중에 다시 공황발작을 일으키면 어떻게 하죠?

공황장애를 앓는 사람은 발작이 재발하면 몹시 실망합니다. 나아지고 있었는데 다시 이전 상태로 돌아가니, 그동안 헛수고한 것 같고, 불치의 병은 아닌가 하여 마음이 심하게 흔들리는 것이죠.

그런데 정말 공황장애가 재발한 것일까요?
그동안의 노력이 아무 소용 없이 다시 원점으로 돌아갔다는 말일까요?

아닙니다. 이것은 단지 치유될 때 거치게 되는 정상적인 단계입니다. 두려움은 단번에 사라지지 않습니다. 두려움이 다시 찾아오지만, 점점 드물게, 덜 강렬하게, 덜 불안정하게 나타나게 됩니다.

공황장애의 치유는 어떤 식으로 진전을 보이나요?

심리적 변화에 대해 잘못된 믿음을 품고 계신 분이 많습니다. 그런 분들은 버튼을 누르면 기계가 작동하듯이 인간의 심리도 마음대로 바꿀 수 있다고 생각하죠. "내게 왜 문제가 생겼는지 그 원인을 알아내면 곧바로 문제를 해결할 수 있겠지."라고 생각하는 겁니다. 틀림없이 이것은 영화나 드라마 같은 대중 매체가 심어준 편견일 겁니다. 영화가 끝날 무렵, 주인공은 그동안 자신을 괴롭히던 문제가 무엇이었는지를 갑자기 깨닫고 눈물을 흘립니다. 보통 이럴 때 감동적인 배경음악이 흐르고, 모든 근심이 영원히 사라집니다. 아쉽게도, 정신 질환의 치료는 이런 식으로 이루어지지 않습니다. 치료는 자신을 단련하는 과정입니다. 담배를 끊거나 스키를 배우는 과정과 같습니다. 고통스러워도 포기하지 않고, 잘 진전되다가 상태가 다시 나빠져도 실망하지 않고, 꾸준히 노력하면 반드시 목표에 도달할 수 있습니다. 그러면 갑자기 공황발작을 일으킬 만한 상황에 놓여도 이전처럼 속수무책으로 두려워하거나 달아나는 등 반사적인 반응이 사라집니다. 치료 초기에는 아무리 변하려고 노력해도 늘 실패할 가능성이 있는 것이 사실입니다. 어제는 잘됐는데 오늘은 안 되는 식으로 말이죠.

두려움의 기억은 오래갑니다. 치료에 성공하고, 자유롭게 활동하게 되었다고 해도 몇 년 후에 증세가 예고 없이 다시 찾아올 수도 있습니다. 따라서 상황을 효율적으로 재정비하고 다시 두려움이 찾아왔을 때 "끝장났어. 나는 절대로 이 병에서 빠져나올 수 없을 거야."라고 말하기보다는 "병이 재발한 것은 아니야. 단지 두려움을 느낀 것뿐이야."라고 담담하게 말할 수 있어야 합니다.

공황장애의 치유가 톱날 모양의 진전을 보인다는 것은 무슨 뜻인가요?

우리는 보통 공황증세의 치유가 차근차근 규칙적으로 이루어지리라 믿지만, 인생은 한 방향으로 잔잔히 흐르는 강물이 아니기에 때로 역행하고 퇴행할 때도 있습니다. 스트레스를 받기도 하고, 지독한 피로를 느끼기도 하며, 근심이 생기거나, 건강이 나빠지기도 합니다. 그러나 한 걸음 뒤로 물러난 다음에는 한 걸음 앞으로 나아가는 것이 세상의 이치입니다. 이처럼 퇴보와 진전의 반복적인 흐름을 선으로 표현한다면 일직선보다는 톱날 모양을 닮았습니다. 톱날의 선이 밑으로 내려갔다가 다시 올라오기를 반복하듯이 퇴보 후에는 반드시 진전이 있습니다. 용기를 잃거나 포기하지 않고 계속 노력한다면 증세는 반드시 호전됩니다. 따라서 치료를 시작할 때 두려움이 다시 찾아와 일시적인 퇴행이 있을 수 있다는 사실을 이해하고 인정하는 것이 중요합니다.

공황장애에서 완전히 치유될 수 있을까요?

언젠가는 공황장애에서 완전히 벗어날 수 있을까요?
아니면 공포증의 성향이 약간 있다는 사실을 인정하고
살아가야 할까요? 누구나 한 번쯤 공황장애를 앓을
수 있습니다. 그리고 공황장애의 원인이 되는
연약한 감정은 누구에게나 있습니다.
공황장애의 경험은 일반적으로 인생에서
몇 년에 걸쳐 나타나며 지울 수 없는 자신의
일부가 됩니다. 그런데 가장 중요한 점은
공황장애를 극복하는 방법을 깨치고 나면
그것을 잊지 않는다는 사실입니다. 마치 한번
배우고 나면 좀처럼 잊지 않는 자전거 타기와
같죠. 어쩌면 자전거를 타는 것보다 훨씬 쉽게
기억할 수 있습니다. 오랜 시간 노력을 기울인
사람은 병적인 두려움이 다시 찾아와도 자신을 잘
보호할 수 있고, 이것은 시간이 지날수록 더 쉬워지고
익숙해지죠. 과거에 공황장애로 고통 받았던 사람이 자신의

체험을 이렇게 소개한 적이 있습니다.

"예전에는 공황발작을 일으키면 바닥에 주저앉아 버렸습니다. 그러나 이제는 지진에도 끄떡없는 단단한 가구처럼 다시 태어난 느낌입니다. 두려움 때문에 마음속에서 동요가 일었다가도 서서히 사라지는 것이 생생하게 느껴집니다. 그동안 몇 차례나 이런 경험을 했습니다. 심리치료사가 제게 권한 대로 저는 기피하고 싶은 상황에서 달아나지 않고 계속 맞서 보려고 합니다. 제가 잘 견디고 있다는 것을 스스로 알고 있습니다. 이제 저는 두렵지 않습니다. 미리 겁부터 내지 않기로 마음먹었거든요. 또 재발할지 모른다는 강박관념도 버리려고 합니다. 그리고 무엇보다도 제 인생을 마음껏 즐기려고 합니다."

그러면 마지막으로 공황장애에서 치유된다는 것은 어떤 뜻이죠?

공황장애에서 치유되었다는 것은 공황발작의 횟수가 현저히 줄었거나 혹은 완전히 사라졌음을 의미합니다. 그러나 현실적으로 공황발작이 완전히 사라졌다는 것을 입증하기란 쉬운 일이 아니죠. 따라서 그 횟수나 강도가 눈에 띄게 줄어드는 것을 치유의 전제로 삼습니다. 다시 말해 두려움에 대한 부정적인 신체 반응 없이 자유롭게 활동할 수 있어야 하고, 이동하고 싶을 때 원하는 방식으로 언제든지 이동할 수 있어야 하죠. 그렇다면, 두려움과 관련된 모든 증상이 완전히 사라져야 치유되었다고 말할 수 있을까요? 그렇지는 않습니다. 치료의 목표는 '두려움의 강도를 줄이는' 데 있습니다. 그리고 스스로 두려움을 극복할 수 있어야 합니다. 공황장애의 문제는 두려움 자체가 아니라, 두려움 때문에 무기력한 상태가 되어 자신을 통제하지 못한다는 데 있습니다.

그렇습니다. 공황장애에서 치유되었는지를 판단하는 두 번째 기준은 다시 두려움이 생길 때 거기에 대응할 수 있느냐는 것입니다. 일반적으로 공포증을 수반한 공황발작은 더는 공포를 느끼지 않게 되었을 때 치유된 것으로 간주할 수 있습니다. 하지만 그에 앞서 발작이 시작되었을 때 스스로 공포심을 제어할 능력이 있어야 합니다.

살아가면서 겪게 되는 피로와 스트레스가 여러분 인생에 하나의 전환점이 될 수 있다고 상상해 보세요. '치유된' 사람들은 두려움이 다시 찾아왔을 때 공포에 사로잡히지 않고, 어떻게 대처해야 하는지를 알기에 두려움이 공황장애로 진전되는 것을 막을 수 있습니다.

공황장애 자가 진단법

(1) 식은땀을 흘린다.

(2) 질식할 것 같다.

(3) 오한 또는 화끈거림을 느낀다.

(4) 구역질 또는 복부 불쾌감이 있다.

(5) 가슴에 통증이나 불쾌감을 느낀다.

(6) 손발이나 몸이 떨리거나 전율을 느낀다.

(7) 현기증, 불안정감, 비틀거리는 느낌이 있다.

(8) 심장의 두근거림 또는 심장 박동수가 증가한다.

(9) 호흡이 가빠지고 숨이 막히거나 가슴이 답답하다.

(10) 마비 또는 따끔거리고 저리는 등의 감각 이상이 발생한다.

(11) 비현실감 또는 이인증(자신으로부터 분리된 느낌)이 발생한다.

(12) 통제력을 잃거나 미쳐 버리지 않을까 하는 두려움을 느낀다.

(13) 갑자기 죽을 것 같은 두려움을 느낀다.

(네 가지 이상 해당되면 정밀한 진단을 받을 것)

미래의 대통령님께

안녕하세요, 대통령님.
별고 없이 잘 지내고 계시겠지요.
저는 얼마 전에 공황발작을 일으켜 병원에 입원했다가
퇴원하여 꿋꿋하게 살아가고 있습니다.
그런데 제가 앓은 병과 같은 증세로 고생하는 분들이 주변에 너무도
많습니다. 분명히 말씀드리지만, 이건 국가의 명운이 걸린, 정말 엄
청난 문제입니다. 어떻게 공황장애란 병이 국민의 10분의 1을 이토
록 망가트릴 수 있습니까?
공사다망하시겠지만, 공황장애와의 전쟁을 '국가적 대사'
로 선포하시고, 어떻게든 이 못된 병을 퇴치해주세요.
그럼, 내내 건강하시길 빕니다.

2012년 어느 맑은 날,
올리비아 아지몽 올림

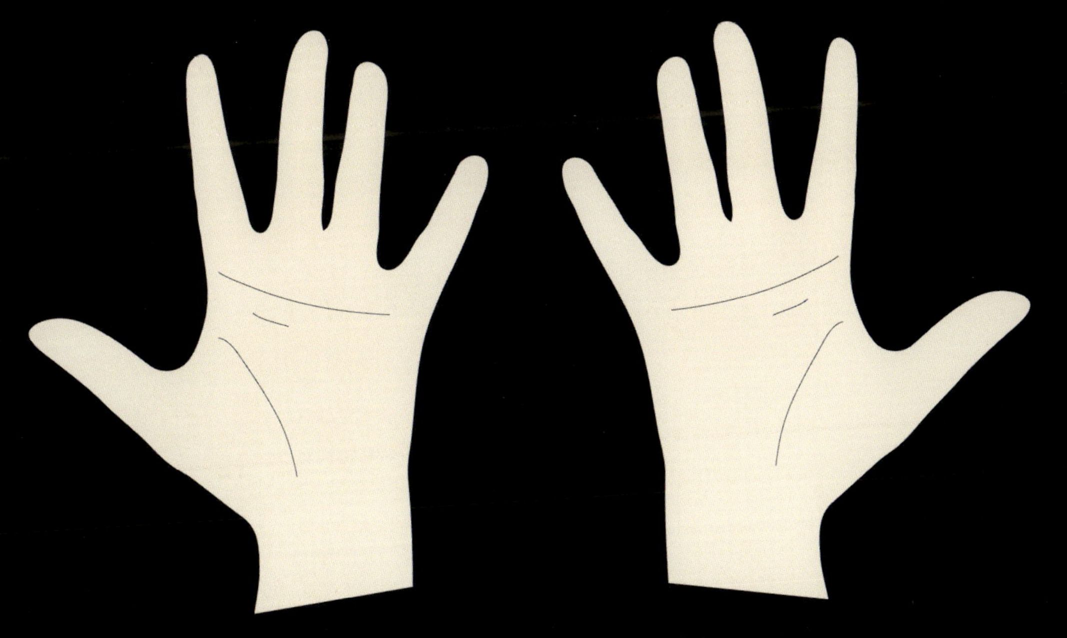

지은이 **올리비아 아지몽(Olivia Hagimont)**

1982년 프랑스 파리에서 태어났다. 미술학교를 졸업하고 샤르동 사바르(Chardon Savard) 아틀리에에서 스타일리스트 자격증을 받아 여성복 브랜드를 론칭하기도 했다. 이후 화가, 만화가로 활동하면서 잡지와 일간지에 작품을 소개하고 있으며 2008년부터 시작한 인터넷 블로그가 큰 인기를 끌었다. 2012년 출간한 첫 책 『올리비아의 공황장애 탈출기』는 서점가에서 큰 반향을 일으켰으며 현재 후속작을 작업 중이다.

지은이 **크리스토프 앙드레(Christophe André)**

프랑스 최고의 정신과 전문의이자 심리치료사이다. 그는 십수 년간 정신과 전문의로 활동하면서 수많은 심리학 관련 책을 집필했다. 학술적인 면에 충실하면서도 매우 실용적이라고 평가받고 있는 그의 저서들은 프랑스뿐 아니라 해외 여러 나라에서도 많은 사랑을 받고 있다. 그는 자신의 경험담과 다양한 심리학 연구 사례는 물론, 시나 소설 등에서 발췌한 내용, 철학자들의 사상 등을 인용하여 능란하게 이야기를 풀어나간다. 따스하고 친근한 어조로 풀어낸 그의 이야기는 일상에서 마음을 다스리고, 행복을 찾는 열쇠를 제공한다. 그가 집필한 저서로는 『화내도 괜찮아 울어도 괜찮아 모두 다 괜찮아』, 『나라서 참 다행이다』, 『두려움의 심리』, 『행복의 단상』 등이 있으며, 프랑수아 를로르와 함께 쓴 『자기 평가』, 『내 감정 사용법』, 『튀는 성격 여려운 성격 까다로운 성격』 및 파트릭 레주롱과 함께 쓴 『타인의 두려움』 등이 있다.

해설 **윤호경**

정신건강의학과 전문의. 고려대학교 의료원 교수. 공황장애를 비롯하여 불안장애, 수면장애 분야에 특별한 관심을 기울이고 있다.

번역 **유진원**

프랑스 리모주 대학에서 불문학 석사학위를 받았고 현재 출판·번역 기획자로 일하고 있다. 『모파상 단편집』 열다섯 권의 번역·출간을 준비하고 있으며 우리말로 옮긴 책으로 『샤를 페로 동화집』, 마리보의 『논쟁 -사랑으로 세련되어진 아를르캥』이 있다.

올리비아의 공황장애 탈출기

1판 1쇄 발행일 2012년 11월 1일
지은이 | 올리비아 아지몽 · 크리스토프 앙드레
옮긴이 | 유진원
펴낸이 | 임왕준
교정·교열 | 양은희
디자인 | 디자인 이숲
펴낸곳 | 이숲
등록 | 2008년 3월 28일 제301-2008-086호
주소 | 서울시 중구 장충단로 8가길 2-1(장충동 1가 38-70)
전화 | 2235-5580
팩스 | 6442-5581
홈페이지 | http://www.esoope.com
블로그 | http://esoope.blog.me
Email | esoope@naver.com
ISBN | 978-89-94228-52-5 17180
ⓒ 이숲, 2012, printed in Korea.